Ciclo de vida de
El conejillo de Indias

Angela Royston

Traducción de Patricia Abello

Heinemann Library
Chicago, Illinois

© 2003 Heinemann Library
a division of Reed Elsevier Inc.
Chicago, Illinois

Customer Service 888-454-2279
Visit our website at www.heinemannlibrary.com

Designed by Celia Floyd
Illustrations by Alan Fraser
Printed and bound in the United States by Lake Book Manufacturing, Inc.

07 06 05 04 03
10 9 8 7 6 5 4 3 2 1

Library of Congress Cataloging-in-Publication Data
Royston, Angela.
   [Life cycle of a guinea pig. Spanish]
   Ciclo de vida de el conejillo de Indias / Angela Royston ; traducción de Patricia Abello.
      p. cm.
   Summary: An introduction to the life cycle of a guinea pig from the time a tiny pup is
Born until, eight months later, it is fully grown and ready to start a family of its own.
   Includes bibliographical references (p.) and index.
   ISBN 1-4034-3016-0 (HC)—ISBN 1-4034-3039-X (pbk.)
1. Guinea pigs—Life cycles—Juvenile literature. [1. Guinea pigs. 2. Spanish language
Materials.] I. Title.
QL737.R634 R6918 2003
599.35'92—dc21

                                                           2002038815

Acknowledgments
The author and publishers are grateful to the following for permission to reproduce copyright
material: Bruce Coleman/Dr. Eckart Potts, p. 4; Lanceau/Cogis, pp. 5, 25; Leibenswerte
Neerschweinchen, Elrig Hansen © 1998 Kinder Buchverlag Luzern (Sauerlander AG), pp. 6–9,
11–13, 16, 17, 19–22; NHPA/Daniel Heuclin, p. 24; NHPA/Jany Sauvanet, p. 26; NHPA/Kevin
Schafer, p. 14; OSF/W. Layer, p. 18; South American Pictures/Tony Morrison, p. 27;
Testu/Cogis, p. 15; Vidal/Cogis, p. 23

Cover photograph Lanceau/Cogis

Unas palabras están en negrita, **así.** Encontrarás
el significado de esas palabras en el glosario.

Contenido

Así es el conejillo de Indias

El conejillo de Indias es un animal pequeño y peludo que tiene dientes frontales largos. El conejillo de Indias pertenece a un grupo de animales que se llaman cávidos.

Recién nacido

I día

I semana

Capibara

El capibara es el cávido más grande de todos. Los conejillos de Indias silvestres son de color café. En este libro hay conejillos de Indias cafés, blancos y negros.

1 mes

8 meses

10 meses

Recién nacido

6

Esta hembra está lista para dar a luz. La primera **cría** nace. Poco después nace otra y luego otra más.

Recién nacido

1 día

1 semana

Las crías están mojadas y pegajosas.
La madre las lame para limpiarlas.
Las crías abren los ojos y miran a
su alrededor.

1 mes

8 meses

10 meses

Crías

Esta **cría** todavía está mojada. Puede ver y oír. Muy pronto estará corriendo por todas partes. Olfatea el heno y empieza a explorar.

Recién nacido

1 día

1 semana

¡Huele leche! Mete la cabeza debajo del cuerpo de su madre y encuentra una **tetilla.** Toma leche por primera vez.

1 mes

8 meses

10 meses

10

Las **crías** no se alejan de su madre. Esta cría está mordisqueando una hierba con sus largos dientes frontales.

Recién nacido

1 día

1 semana

Un ruido fuerte asusta a las crías.
Se esconden entre el pasto hasta
que una saca la cabeza para ver
si no hay peligro a la vista.

1 mes

8 meses

10 meses

12

Las **crías** juegan mucho. Huelen,
chillan y corren por todas partes.
¡Ésta se puso patas arriba!

Recién nacido

1 día

1 semana

Cuando están cansadas, las crías
duermen amontonadas. Reconocen
el olor de su madre y el olor de
cada una.

1 mes

8 meses

10 meses

14

Los conejillos de Indias silvestres siempre están atentos al peligro. Cuando ven volar este enorme **cóndor,** se aterrorizan.

Recién nacido

1 día

1 semana

Los conejillos de Indias no pueden
correr muy rápido porque tienen
las patas cortas. Éste se queda muy
quieto para que el cóndor no lo vea.

I mes

8 meses

10 meses

Apareamiento 8 meses

Los conejillos de Indias ya son adultos y están listos para tener su propia familia. Un macho grande de color café se une al grupo.

Recién nacido

1 día

1 semana

Gruñe y se arrastra alrededor
de una de las hembras. La hembra
le huele la cara. Al poco rato se
aparean.

1 mes

8 meses

10 meses

Nuevas crías 63 días después

En 63 días la hembra va a tener **crías.** Están creciendo dentro de ella. Siente mucha hambre y come más de lo habitual. A los conejillos de Indias les gusta el maíz.

Recién nacido    I día   I semana

Un día la hembra se esconde en el pasto y nacen las crías. La madre las limpia con la lengua.

1 mes

8 meses

10 meses

20

La nueva madre cuida mucho a
sus **crías.** Las limpia con la lengua
y muy pronto ellas reconocen
su olor.

Recién nacido

1 día

1 semana

También las vigila mientras juegan
en la paja. Cuando ella hace un
gruñido especial, las crías corren
a tomar leche.

1 mes

8 meses

10 meses

Las **crías** se mantienen cerca de su madre. Cuando ella se aleja, la siguen.

Recién nacido I día I semana

Las crías crecen con rapidez
y pronto se unen a los demás
conejillos de Indias. Muchas otras
crías han nacido y están creciendo.

1 mes

8 meses

10 meses

Los conejillos de Indias silvestres tienen muchos depredadores. Los **pumas** y otros animales se los comen. Las serpientes, como esta boa, también se los comen.

Recién nacido

1 día

1 semana

Este conejillo de Indias huele el aire.
Siente el olor de una serpiente
y se esconde en el pasto. No todos
los conejillos tienen tanta suerte.

1 mes

8 meses

10 meses

Animales domésticos

Los conejillos de Indias vienen de
América del Sur. Viven en **llanuras**
de altos pastos y en las laderas
de las montañas de los Andes.

Estos conejillos de Indias viven
en casas en las montañas de
los Andes. Pueden vivir hasta
ocho años.

Ciclo de vida

Recién nacido

1

Cría

2

Cría

3

Apareamiento

4

Nuevas crías

5

Datos de interés

Los dientes frontales de un conejillo de Indias nunca dejan de crecer. Los conejillos de Indias necesitan morder zanahorias o incluso trozos de madera para que los dientes no crezcan demasiado.

Un conejillo de Indias mide cerca de 12 pulgadas —el tamaño de una regla— y pesa cerca de 1 libra.

Una hembra puede tener hasta cuatro **crías** a la vez, pero sólo tiene dos **tetillas.** Las crías tienen que turnarse para comer.

Glosario

aparearse cuando un macho
y una hembra se unen para
tener cría

cóndor ave grande que vive en
las montañas de los Andes de
América del Sur

cría un conejillo de Indias desde
el momento en que nace hasta
que crece lo suficiente como para
poder valerse por sí mismo

llanuras terreno plano y abierto

puma felino grande que vive en
las montañas de los Andes de
América del Sur

tetilla parte del cuerpo de
la madre por la que la cría
toma leche

Más libros para leer

Un lector bilingüe puede ayudarte a leer estos libros:

Barrett, Norman S. *Guinea Pigs*. Danbury, CT: Watts, Franklin Inc. 1990.

Burton, Jane. *Dazy the Guinea Pig*. Milwaukee, WI: Gareth Stevens Inc. 1989.

Índice